BEI GRIN MACHT SICH IHR
WISSEN BEZAHLT

- Wir veröffentlichen Ihre Hausarbeit,
  Bachelor- und Masterarbeit

- Ihr eigenes eBook und Buch -
  weltweit in allen wichtigen Shops

- Verdienen Sie an jedem Verkauf

Jetzt bei www.GRIN.com hochladen
und kostenlos publizieren

Bibliografische Information der Deutschen Nationalbibliothek:

Die Deutsche Bibliothek verzeichnet diese Publikation in der Deutschen National-
bibliografie; detaillierte bibliografische Daten sind im Internet über http://dnb.d-
nb.de/ abrufbar.

Impressum:

Copyright © 2011 GRIN Verlag, Open Publishing GmbH
Druck und Bindung: Books on Demand GmbH, Norderstedt Germany
ISBN: 9783668540262

Dieses Buch bei GRIN:

http://www.grin.com/de/e-book/374383/paedagogisch-therapeutische-arbeit-mit-
kindern-in-der-erziehungsberatung

Nona Mamiseishvili

Pädagogisch-therapeutische Arbeit mit Kindern in der Erziehungsberatung

Am Beispiel der therapeutischen Angstbewältigung eines Mädchens

GRIN Verlag

Ruprecht-Karls-Universität Heidelberg

Oberseminar: Erziehungsberatung

Semesterarbeit zum Thema:

Pädagogisch-therapeutische Arbeit mit Kindern in der Erziehungsberatung

(praktisches Beispiel)

Inhaltsverzeichnis

1. Einleitung

1.1. Ziel der Arbeit

Ein wichtiger Punkt für die pädagogisch-therapeutische Arbeit mit Familien in der Erziehungsberatung ist sowohl die Förderung, als auch die positive und gesundheitliche Entwicklung von Kindern.

In der vorliegenden Arbeit wird dieses Thema anhand von therapeutischer Angstbewältigung eines achteinhalbjährigen Mädchens mit praktischem Beispiel untersucht. Es wird gezeigt, welche Rolle pädagogisch-therapeutische Arbeit der Erziehungsberaterin für das achtjährige Kind Tina bei der Diagnostik und Therapie spielt. Dazu wird die Geschichte von Gerda Cramer-Bochow: „Tina schwimmt sich frei. Therapeutische Angstbewältigung" zur Beobachtung herangezogen und analysiert. Zuerst wird der Angstbegriff definiert, danach wird versucht, die Vorgeschichte und familiäre Ansätze zu erarbeiten. Zentrale Themen sind symbiotische Beziehung zwischen Mutter und Kind, Entwicklung des Kindes, Fallgeschichte und Beratungs-/Therapieanlass. Es folgt eine Diagnostik und eine Zielsetzung; die therapeutische Angstbewältigung wird mit Hilfe der Erziehungsberaterin hervorgehoben, und es wird gezeigt, wie zentrale Forderungen des Leitbildes einer Beratungsstelle umgesetzt werden. Abschließend werden die wichtigsten Ergebnisse der Arbeit zusammengefasst.

2. Hauptteil

2.1. Angst als behandlungsbedürftige Krankheit

Das Phänomen der Angst, das dieser Arbeit zu Grunde liegt, ist ein brandaktuelles Thema. Angst ist eine der am häufigsten auftretenden Emotion auf der Welt. So verwundert es nicht, dass sie in unserer Gesellschaft weit verbreitet und vielfach untersucht worden ist. Angst zu haben ist ein Urzustand des Menschen und ist in seinen Grundbefindlichkeiten verankert. „Angst gehört ebenso zum Leben wie Schmerz... Lebens- und Weltangst gehören zur Basis des Menschseins überhaupt" (Klußmann 2002, S. 308). Als Angst bezeichnet man nach Pschyrembel (1989) ein emotionales Zustandsbild mit zentralem Motiv der Gefahrenzone und stereotypen körperlichen Begleiterscheinungen (Peseschkian 1991. S. 147).

Angst (lat. Angustiae, Enge, Klemme, Schwierigkeit) ist typisch für die Kindheit und Jugend mit ihren zahlreichen Anpassung- und Entwicklungsaufgaben. Gleichzeitig hat das Kind noch nicht die Fähigkeit zwischen inneren und äußeren, realen und fantasierten Gefahren zu unterscheiden (Weinberger 2015. S. 253).

Bei den behandlungsbedürftigen Ängsten unterscheidet man folgende Ängste:

- Trennungsangst: Angst vor Trennung von wichtigen Bezugspersonen.
- Phobische Störung: Angst vor bestimmten Objekten oder Situationen, z. B. vor Tieren
  oder Gewittern.
- Panikstörung: wiederkehrende, kurzfristige und plötzlich auftretende, außerdem nicht vorhersehbare Angstattacken, unabhängig von spezifischen Umständen.
- Generalisierte Angststörung: anhaltende schwerwiegende Befürchtungen, die sich nicht auf bestimmte Objekte beziehen.
- Agoraphobie: Die Angst bezieht sich auf Plätze und Situationen, die man nicht rasch verlassen kann. Diese werden gemieden.
- Soziale Phobie: Furcht vor prüfender Betrachtung durch andere Menschen.

Angst, ein Signal vor Gefahren, ist für die Entwicklung notwendig. Nur über das Erleben von Angst lernt das Kind mit dem Gefühl der Angst umzugehen. „Die Ängste des Kindes sind dann behandlungsbedürftig, wenn das Kind durch sein Vermeidungsverhalten in seiner weiteren altersgemäßen Entwicklung gefährdet ist" (Weinberger 2015. S. 254-255). Viele dieser hier aufgezählten Ängste werden am späteren Fallbeispiel von Tina genauer betrachtet.

2.2. Setting und Prozess der Therapie

Die Erziehungsberaterin beginnt die Fallgeschichte mit einer Kindertherapie: Geschichte und Entwicklung eines angstgehemmten Mädchens, das in einer symbiotischen Beziehung mit seiner Mutter lebt.

In München, in einer Schule der Klasse 3b, geschah für alle etwas Unfassbares: Tina, achteinhalb Jahre alt, wurde in der zweiten Stunde totenblass, brach in Tränen aus, ihr war schwindlig und übel. Sie hatte Atem- und Kreislaufbeschwerden. Zweimal war sie bewusstlos zusammengebrochen. Die Lehrerin konnte aus dem Mädchen nichts herausbringen. Tina war bisher völlig unauffällig im Verhalten, eine begabte, eher zurückhaltende Schülerin, aber im Kontakt mit ihren MitschülerInnen als "ruhiger Pol" sehr beliebt. Auch die Lehrerin hatte Tina ins Herz geschlossen und konnte sich nicht erklären, was in dem Kind vorging. Eine medizinische Untersuchung beim Hausarzt brachte keinerlei auffällige organische Ergebnisse, und auch die Mutter stand vor einem Rätsel. Sie berichtet, Tina sei am Montagabend immer auffällig still gewesen und habe hohes Fieber gehabt, das aber schnell in der Nacht verging.

Eine verzweifelte Mutter meldete sich auf Empfehlung der Lehrerin und des Arztes in der Beratungsstelle an. Dass Tina am Abend ganz still, aber mit hohem Fiber war, könnte nach der Meinung der Erziehungsberaterin ein Hinweis auf eine starke lymphatische Reaktion sein, wie sie oft im Zusammenhang mit schweren Angstzuständen beobachtet wird. Eine lymphatische Reaktion wird folgendermaßen definiert: das Auftreten einer Lymphozytose im Blut – vor allem bei Infektionskrankheiten des Kindes - statt der häufigeren myeloischen Reaktion; i. w. S. die verstärkte Teilnahme des gesamten lymphatischen Systems (http://www.gesundheit.de/lexika/medizin-lexikon/lymphatische-reaktion).

2.2.1. Beratungs-/Therapieanlass

Im Gespräch mit Frau B. beleuchtet die Beraterin mit ihr die Entwicklung Tinas in ihrem Umfeld, um hier mögliche Hintergründe für ihr Problem zu entdecken. Tinas Mutter war mit 28 Jahren aus dem damaligen Jugoslawien nach Deutschland gekommen. Seitdem lebt die heute 38-Järhige hier und es gehe ihr "so leidlich". Tinas Vater, ein deutscher Ingenieur, wollte mit ihr eine gemeinsame Zukunft aufbauen. Als er jedoch erfuhr, dass seine Braut von ihm schwanger war, erfasste ihn wilde Panik. Er wollte um keinen Preis ein Kind. Zudem war er so an seine Mutter gebunden, dass er es nicht wagte, ihr "eine solche Schande" zu gestehen. Stattdessen verschwand er Hals über Kopf - ohne Abschied.

Frau B. fühlte sich maßlos im Stich gelassen, es war die schlimmste Zeit ihres Lebens, sagt sie unter Tränen. Groll, Verzweiflung, die Hoffnung, ihr Partner komme wieder, die Ungewissheit, wie es weiter gehen sollte, machte ihr die ersten drei Schwangerschaftsmonate zur Hölle. Aus religiösen Gründen hatte sie sich entschlossen, das Kind zu behalten, obgleich sie "auf ein Wunder wartete", das Kind nicht austragen zu müssen. "Jeder Mensch ist ein Gotteskind, ein Kind des Lichtes" versuchte sie sich zu trösten, nachdem es ihr so schwer fiel, das werdende Leben anzunehmen. Heute könne sie sich ein Leben ohne Tina nicht mehr vorstellen, "Mein Kind ist mein einziger Lebensinhalt", sagt sie, wir sind "ein Herz und eine Seele", sie teilten alle Freuden und Sorgen miteinander. Die Meinung der Erziehungsberaterin hierzu sieht folgendermaßen aus, „Diese Aussage allein gibt schon einen deutlichen Hinweis auf eine sehr enge, symbiotische Bindung zwischen Mutter und Tochter" (Cramer-Bochow 2001. S. 14). Frau B. musste fünf Monate nach der Geburt von Tina in ihren Beruf in die Elektronikbranche zurück. Tina kam in eine Kinderkrippe. Dort war sie ein "pflegeleichtes, sympathisches Kind". Die Mutter reagierte mit erheblichen Schuldgefühlen und versuchte in der Freizeit "aufzuholen und nur für die Kleine da zu sein". Damals hatte sie sich auch entschieden, dem Kind zuliebe auf eine neue Partnerschaft zu verzichten. Tina wurde so in die Rolle eines "Ersatzpartners" gedrängt. Dann ging die Elektronikfirma pleite und Frau B. wurde arbeitslos. Eine Umschulung durch das Arbeitsamt als Bürokauffrau brachte ihr keine Stelle, so dass sie jetzt "nur Hausfrau" sei und sich unnütz fühle. Ihre Eltern sind tot, sie hat in München keine befreundeten Familien aus ihrer Heimat mehr, so sucht sie Trost vor allem in Büchern, klassischer Musik und Religion. Tina ist ihr einziger "Schatz". Über sich sagt Frau B., sie gebe sich große Mühe, sich als fröhliche lebensbejahende Mutter zu geben, habe dabei aber das Gefühl, sie stünde neben sich. Sie leide sehr unter der Arbeitslosigkeit und der Abhängigkeit von der Sozialhilfe. Sie war immer arbeitsam. Außerdem sei es für sie und Tina zu eng in der Eineinhalb-Zimmer-Wohnung. Tausend Ängste kreisen um Tina, dass die entführt, oder missbraucht werden könne, und Frau B. stehe Höllenqualen aus, wenn ihr Kind außer Sichtweite ist. Sie sei selbst sehr ängstlich, gehe abends nicht gern alleine auf die Straße. Sie weiß, dass sie Tina zu sehr an sich bindet, sie oft zu eng halte. Sie kann auch mit ihr nicht über Männer und Sexualität sprechen, nicht einmal über die Körpervorgänge, die Tina beim Eintritt in die Pubertät erwarten, wegen der tiefen Enttäuschung von damals.

Inzwischen habe sie sich mit ihrer Rolle als allein erziehende Mutter abgefunden, einen Freund hat sie nicht. Der Vater hat sein Kind nie gesehen und möchte nach wie vor keinerlei Kontakt. Frau B. sagt: "Er kann einfach nicht anders, er ist hochintelligent, aber mit seiner Mutter verheiratet und sehr introvertiert", alles Züge, in denen Tina, nach Meinung von Frau B., Ihrem Vater gleicht. Für die Erziehungsberaterin wird aus der Schilderung des Umfeldes deutlich, dass die Beziehung zwischen Mutter und Tochter extrem eng ist. Tina wird es dadurch schwer gemacht, auf eigenen Füßen zu stehen und ein gesundes Selbstwertgefühl gegen Angst aufzubauen, da ihr Gefühl von Sicherheit stark mit der Anwesenheit der Mutter gekoppelt ist, und so das Gefühl von Verlust des Haltes entsteht, wenn sie von ihr getrennt ist. Sie hat es auch schwer, zu ihren eigenen Emotionen zu finden. Es handelt sich daher bei Tina nicht um eine entwicklungsbedingte Angst, sondern eindeutig um eine Angst, die sich aus der Mutter-Kind-Beziehung ergibt (Cramer-Bochow 2001. S. 14-15).

Zur Entwicklung Tinas gibt es wenig auffällige Daten. Schwangerschaft und Geburt sind ohne Komplikationen verlaufen. Mit fünf Monaten kam sie in die Kinderkrippe, danach in den Kindergarten, dann in die Schule, wobei sie immer ein "liebes Kind" gewesen sei, das überall ankam. Sie wurde drei Monate gestillt, hatte keine ausgesprochene Trotzphase, spielte immer gern für sich allein, zeige viel kreative Phantasie und finde schnell Kontakt zu Gleichaltrigen. Bei Erwachsenen brauche sie lange, bis sie "warm wird". Sie habe ein "weiches Herz", liebe ihre Kuscheltiere über alles, wobei es für sie wichtig ist, dass es immer "Tierfamilien" oder "Paare" sein müssen. Die Erziehungsberaterin schreibt dazu folgenden Fragesatz: "Tinas starker Wunsch nach Familie?" (Cramer-Bochow 2001. S.15). Mit diesem Abschnitt und angesichts Tinas Gewohnheiten, wird Tinas starker Wunsch nach Familie präsentiert. Sie geht gern in die Schule, das Lernen fällt ihr leicht, sie ist wissbegierig, sehr ehrgeizig und ist gern mit anderen Kindern zusammen.

Die Erziehungsberaterin erlebt Tina im Erstgespräch als ein sehr ansprechendes, altersgemäß entwickeltes Mädchen mit langem Pferdeschwanz und fragenden dunklen Augen. Sie wirkte auf den ersten Blick recht selbstbewusst, war innerlich aber sehr angespannt. In jedem Arm trug Tina ein großes Kuscheltier (Hasen), das die fest an sich drückte, so als ob sie Halt suche. Nach der Meinung der Erziehungsberaterin dienten sie ihr sicherlich als Trost, um die Trennung von der Mutter auszuhalten. Es dauerte eine Zeit, ehe sie "auftaute" und vertrauen fasste, bis sie davon sprechen konnte, was in ihr in den Angststunden am Dienstag vorging. Die letzten beiden Stunden an diesem Tag hießen

Turnen, die ihr Spaß machten und in denen sie zu den "Guten" gehörte. Im Winter jedoch steht schwimmen an Stelle des Turnens. Allein der Gedanke, im Wasser schwimmen zu müssen, löst in Tina panische Ängste aus: "Wenn ich schwimmen muss, dann ist es, als ob von tief unten eine große Hand aus dem Wasser heraufkommt, so wie eine große Krake, die mich packt und hinabzieht. Ich zappele, kann mich nicht befreien, bekomme keine Luft und habe das Gefühl, ich muss sterben". Diese Gefühle erlebt sie bereits so intensiv, wenn sie nur an Schwimmen denkt, also in den Stunden davor.

Die Erziehungsberaterin ist betroffen, dass in einem Mädchen von nur neun Jahren so massive Ängste wüten. Tina schämt und beschimpft sich selbst, dass sie sich so "saublöd" anstellt. Sie rede sich immer ein, dass es im Schwimmbad keine Kraken und keine Hände gebe. Im Laufe des Gesprächs stellt die Erziehungsberaterin fest, dass Tina auch an massiven Ängsten vor dem Einschlafen leidet und am Abend noch stundenlang schlaflos im Bett liegt. Sie hat Angst, beim Schlafen umgebracht zu werden. Auf die Frage woran sie vor dem einschlafen denke, antwortet sie beispielsweise, dass am nächsten Tag etwas Schlimmes passieren würde, jemand verunglücke, die Mutter krank sei und die größte Angst, sie könne entführt und ermordet werden. Zudem hat sie starke Ängste mit einem ähnlichen Motiv, allein in einer U-Bahn, oder einem Lift zu fahren. Nun sind die Probleme ausgesprochen und der Bann gebrochen. Tina atmet auf, wirkt erleichtert und sagt: "es tut gut, dass jetzt alles raus ist" (Cramer-Bochow 2001. S.15-16).

2.2.2. Diagnostik und Zielsetzung

Tinas Geschichte geht der Erziehungsberaterin noch während der Fahrt nach Hause nach und sie lässt die Einfälle, was die Wissenschaft über diese Dynamik sagt, einfach durcheinander purzeln: Tina leidet an einer Wasserphobie mit massiven körperlichen Begleiterscheinungen, an Einschlafängsten, U-Bahn- und Lift-Phobie, die mit quälenden Todesängsten gekoppelt sind.

Eine Phobie ist eine exzessive Angstreaktion, die dauerhaft und unangepasst ist. Sobald ein Phobiker dem Angst auslösenden Reiz ausgesetzt ist, kommt er zu einer sehr starken emotionalen Reaktion, die sich nach Rachman „auf drei Ebenen ausdrückt: einer subjektiven, autonomen und motorischen. Der subjektive Anteil einer phobischen Reaktion wird als alarmierendes Gefühl großer Angst und Spannung erlebt und zeigt sich so, dass einige glauben, sterben zu müssen, zu ersticken oder zusammenbrechen, so wie Tina. Die autonome Reaktion schließt physiologische Veränderungen ein, die auch sie belasten:

8

Schwitzen, Zittern, Herzklopfen, ein flaues Gefühl im Magen, Übelkeit und Atemprobleme. Die motorische Reaktion ist meistens eine Fluchtreaktion. Einige Patienten fühlen sich allerdings leblos, wie eingefroren (Rachman 1976. S. 4). Die motorische Reaktion besteht aus Flucht und dem Vermeiden des Objekts, das heißt bei Tina dem Schwimmen, der U-Bahn, dem Aufzug und dem Einschlafen auszuweichen. An diesen drei Ebenen orientieren sich auch die von der Erziehungsberaterin geplanten Interventionen, nämlich:

1. Einführung in die Entspannungsverfahren „Autogenes Training" und „Progressive Relaxation", um Tinas quälende physiologische Begleiterscheinungen abzuschwächen: parallel dazu der Aufbau positiver Affirmationen, die ihre ängstliche Erwartung unterlaufen und Selbstvertrauen, sowie eine positive Weltsicht aufbauen sollen.

2. Inhaltliche Auseinandersetzung mit den Formen der Angst mit der Methode der Imaginationstherapie.

3. Statt Flucht vor der Angst, Konfiguration und aktive Auseinandersetzung in der Phantasie mit steigendem Schwierigkeitsgrad (imaginative Desensibilisierung).

4. das Umsetzen an die Realität durch die entsprechende Aktivität (bei Tina: Schwimmen, Lift- und U-Bahnfahren, sowie angstfreies Einschlafen) (Cramer-Bochow 2001. S. 17-18).

Die Erziehungsberaterin denkt dazu an das Buch "Wir sind alle Kinder des Wassers" (Odent; Johnson), das sie später gemeinsam mit Tina ansieht. Sie denkt, dass wegen der problembelasteten Schwangerschaft von Frau B. eine Wurzel von Tinas Störung bereits am pränatalen Bereich liegen könnte. Sie erinnert sich an die beeindruckenden medizinischen Ergebnisse, die ergeben, dass bei Müttern, die stark negativ gepolte, emotionale Probleme in der Schwangerschaft haben, sich ein spezifisches Hormon und Neurotransmittelprofil im Gehirn aufbaut, so dass der Fötus bereits der Biochemie der Mutter ausgesetzt ist und deren Unruhe und Angst im Mutterleib spürt. Der Symbolgehalt von Tinas Angst-Bildern beim Schwimmen lässt die Phantasie bei der Erziehungsberaterin aufkommen, ob nicht doch eine Abtreibung versucht wurde. Grof (1987) hat jedoch in seinen Forschungen mit Erwachsenen herausgefunden, dass während der Uteruskontraktion bei der Geburt vor allen Dingen Angstthemen von einem Strudel auftauchen, der einen nach unten zieht, dass man glaubt von einem Polypen umklammert, oder einer Spinne gefangen zu sein (Grof 1987. S. 170).

Es ist eine Hypothese – ist es wert ihr nachzugehen? Vielleicht gibt dazu eine von Tinas Imaginationsreisen Aufschluss. An negative Erlebnisse mit Wasser, oder beim Baden im Säuglingsalter, kann sich Frau B. nicht erinnern. Allerdings stellt sich heraus, dass auch Frau B. nicht schwimmen kann und kein Bedürfnis hat, es zu lernen, so dass es Tina ihrer Mutter gleich tut, die in dieser Beziehung nicht als ermutigendes Vorbild dient (Cramer-Bochow 2001. S.18).

2.2.3. Methodenpraktische Umsetzung

Die Erziehungsberaterin reflektiert ihr beraterisches und therapeutisches Vorgehen am Leitbild, das im Rahmen eines Qualitätsmanagement-Projektes der Landeshauptstadt München von allen MitarbeiterInnen der Beratungsstelle in den Jahren 1996 bis 1998 für den Umgang mit den Klienten erarbeitet wurde.

Die Erziehungsberaterin greift die wichtigsten Punkte heraus und setzt sie in Beziehung zu ihrer Arbeit mit Tina und Frau B.:

- In diesem Fall bietet die Erziehungsberaterin spontane emotionale Entlastung der Mutter durch Klärung der Hintergründe für Tinas rätselhaftes Verhalten. Sie stellt ihr eine längerfristige Betreuung mit ihr und ihrer Tochter in Aussicht, die sie von ihrer Verzweiflung befreien sollen. Damit wird ihr Hilfe zuteil, die sie dankbar annimmt. Dann vereinbart die Erziehungsberaterin Einzeltermine mit Mutter und Tochter zur Anamnese und psychologischen Untersuchung.

- In Tinas Fall führt die Erziehungsberaterin auf Wunsch der Mutter mit Schweigepflichtsentbindung eine Rücksprache mit deren Klassen- und Sportlehrerin durch, um deren Mithilfe sie bei den alltäglichen Angstsituationen Tinas bittet. Außerdem gibt sie dem Hausarzt ein Feedback. Später wird mit dem Allgemeinen Sozialdienst, dem Wohnungs- und Arbeitsamt kooperiert, um alle neuen Möglichkeiten ausfindig zu machen.

- Zur Abklärung benutzen die MitarbeiterInnen der Beratungsstelle diagnostische, beraterische und therapeutische Methoden, um auf einer eindeutigen Diagnostik Therapiestrategien aufbauen zu können, Fehlplanungen auszuschließen, sowie die notwendigen Hilfsmaßnahmen einzuleiten, die „kundenfreundlich" sind.

- Das Ziel ist es, bei allen Ratsuchenden die Beziehungs- und Erziehungsfähigkeit zu stärken. Dies heißt für Frau B., die symbiotische Beziehung zu Tina zu lockern und dann aufzulösen. Frau B. muss dabei Hilfestellung gegeben werden; mit ihr ist durchzuarbeiten, wie sie ihr Kind „loslassen" kann, es muss ihr verständlich gemacht werden, dass Tina ein altersgemäßes Selbstbild braucht, um Selbstständigkeit zu entwickeln und es muss Frau B. dabei geholfen werden dies umzusetzen. Anfangs hat die Erziehungsberaterin Bedenken, ob Frau B. es emotional umsetzen kann, aber sie geht gut intellektuell mit (Cramer-Bochow 2001. S.19-20).

- MitarbeiterInnen der Beratungsstelle arbeiten mit den Stärken des Klienten und versuchen positive Veränderungsprozesse in Gang zu setzen. Bei Tina versucht die Beraterin, ihr Engagement, ihre Kreativität, ihre Phantasie, Intelligenz, ihren Ehrgeiz und ihren starken Leidensdruck einzubeziehen, um die Phobie zum Abklingen zu bringen. Zudem möchte sie Tina anregen, ihre kreativen Potenziale mehr zum Ausdruck zu bringen, ihre Durchsetzungsfähigkeit in der Schule und der Mutter gegenüber aufzubauen.

- Mit Frau B. strebt die Erziehungsberaterin an, ihren Erziehungsstil zugunsten von Selbstständigkeit und Freiheit für ihre Tochter zu ändern. Sie kann mit ihrer spontanen Einsicht und Bereitschaft arbeiten, dass sie ihr Kind zu eng an sich bindet und damit Ängste schürt und Abhängigkeit schafft. Ihr Leidensdruck ist so groß, „dass sie alles ihr Mögliche einsetzen möchte, um Tina zu helfen". Der Erziehungsberaterin ist wichtig, die soziale Situation gemeinsam mit ihr und ihrem Umfeld zu verändern: Wohnung, Arbeit, Finanzen, Hobbys, Kontakte und so weiter.

- Frau B. u. Tina brauchen trotz ihrer Ängste nicht lange, sich auf den Beratungs-, und Behandlungsprozess einzulassen; beide kamen pünktlich und entlastet zu den vereinbarten Stunden. Frau B. war so angetan, dass sie als „Sozialhilfe-Ausländerin" so freundlich, sowohl im Sekretariat als auch von den anderen Mitarbeitern, behandelt wurde, Tina wäre gern öfter zur Sprechstunde gegangen, denn die Erziehungsberaterin freute sich jedes Mal auf die beiden, am meisten auf Tina, die sie ins Herz geschlossen hatte" (Cramer-Bochow 2001. S. 20-21).

2.2.4. Prozessverlauf der Pädagogisch-therapeutischen Arbeit

Wie sah das praktische Vorgehen aus?

Um die körperlichen Symptome der Angst anzugehen, werden im folgenden Fallbeispiel von Tina Entspannungsverfahren als Heilmethode gewählt.

Nach der psychologischen Diagnostik begleitet die Erziehungsberaterin Tina in sieben Einzelstunden mit Autogenem Training (AT) und versucht sie zu motivieren, täglich zu Hause vor dem Einschlafen zu üben. Da sie die wohltuende Wirkung der körperlichen Entspannung bald spürt, übt sie „eisern" und führt ihr Entspannungs-„Tagebuch" mit großem Ehrgeiz und Freude. Nach sieben Stunden AT kann sich Tina bereits so gut entspannen, dass sie nicht einmal aufschreckte, als jemand versehentlich die Tür zum Therapieraum öffnete. Sie übte ausdauernd, und es gelang ihr bald, immer öfter ohne grübeln mit positiven Bildern für den nächsten Tag einzuschlafen.

Zusätzlich geht die Erziehungsberaterin mit Tina noch einige Übungen zur Progressiven Relaxation durch, die sie unauffällig in angstauslösenden Situationen, z. B. vor dem Schwimmunterricht, durchführen kann, sowie entspannte Atemübungen. Tina „dichtet" spontan als Erstes: „ich habe Mut und schwimme gut".

In Absprache mit der Sportlehrerin wird Tina streng verboten ins Wasser zu gehen. Die Erziehungsberaterin besteht aber darauf, dass sie sich in der Zeit des Schwimmunterrichts im Hallenbad aufhält und als Beobachterin am Schwimmunterricht teilnimmt. Das „Schwimmverbot" befreit sie und macht Tina ein wenig übermutig. Sie fragt die Lehrerin, ob sie einfach mal nur ein bisschen ins Wasser dürfe. Tina bewältigt diese Phase des "Zuschauens" ohne massive Angstsymptome. Ein bisschen kribbeln tut´s schon im Bauch, wenn ich in Wasser schaue", sagt sie. „Ob ich mal mitmache"? So beginnt sie mit der „Angstlust" (Balint)[1] zu spielen. Danach bereitet die Erziehungsberaterin die imaginative Desensibilisierung vor, damit Tina sich im gelenkten Tagtraum Schritt für Schritt angstfreier in der Entspannung mit geschlossenen Augen an das Angstobjekt Wasser annähern kann.

Die therapeutische Betreuung läuft insgesamt 39 Stunden für Tina (in einem Zeitraum von

---

[1] Als Angstlust bezeichnet man in der Persönlichkeitspsychologie und in der Klinischen Psychologie eine zwiespältige Gefühlslage, bei der aus einer bedrückenden Angstphase selbst oder aus ihrem erfolgreichen Überstehen und Bewältigen ein erregendes Erlebnis erwächst (http://de.wikipedia.org/wiki/Angstlust). Sieh auch: Balint, Michael: Angstlust und Regression: Beitrag zur psychologischen Typenlehre / Michael Balint. Mit einer Studie von Enid Balint. - Reinbek (b.Hamburg): Rowohlt, 1972.

zwei Jahren). Sie ist mit ihrer Angst nicht mehr allein. Daran schließt sich ein intensives Gespräch über Angst bei allen Menschen an, und Tina kann es kaum glauben, dass alle Menschen Angst haben. Die Erziehungsberaterin sagt ihr, dass die Menschen Ängste brauchen, denn Ängste machen sie stark. Angst gehört zum Leben.

Tina schlägt in der nächsten Therapiestunde von sich aus „Schwimmen im Meer" als Thema vor. Sie setzt ihre Robben (Vater und Mutter) neben sich und lässt sich sehr entspannt auf eine Phantasiereise ein: „Ein Strand... Viele Leute... sie sind mir zu viele; ich stehe jetzt allein am Strand; da kommt die Robbe, sie schwimmt schon. Ich habe keine Angst mehr vor dem Wasser". Als Tina dann eine Szene aus ihren Bildern malt, sagt sie beherzt „jetzt mag ich aber echt schwimmen lernen, bloß ein bissl Angst ist übrig" (Cramer-Bochow 2001. S. 22-23).

Vorstellungsbilder sind die ältesten und wichtigsten Träger eines Heilungsprozesses, sowohl in Urzeiten bei den Schamanen als auch in den modernen seelischen Behandlungstherapien.

In einem Gespräch mit Tina bespricht die Therapeutin mit ihr, dass Angst ein ursprünglicher Schutzmechanismus ist, der hilft, Gefahren spontan auszuweichen. Akute Angstreaktionen stammen aus grauer Vorzeit, als es galt, vor einem wilden Tier zu flüchten oder es anzugreifen. Im modernen Alltag sind diese Reaktionen meistens hinderlich. Nur die körperlichen Reaktionen folgen oft reflexhaft dem uralten Muster.

Die Auseinandersetzung mit der Angst geht weiter: Tina ist äußerst kreativ und hat gemerkt, worauf es ankommt. Nächstes Thema ist „Schwimmen im Hallenbad". Tina sieht die Schwimmhalle, wo es von seltsamen Wassergeistern in verschiedenen Farben wimmelt, die sie necken und ist Wasser ziehen wollen. Tina fragt, was sie wollen. Sie antworten, dass sie sich hier vergnügen und mit ihr spielen wollen. Sie sagen: "Komm doch herein, los komm schon, Du sollst in der Mitte schwimmen und Wasserball spielen." Tina ist stolz. Dass sie sich traut und sagt am Ende fröhlich: „Die sind ja ganz lieb und nicht gefährlich, sie sehen nur so aus."

Dann spielen sie die anderen Bilder des Katathymes Bilderlebens durch: Wald, Haus, Höhle Vulkan. Tina hat gelernt, worauf es ankommt, nämlich auf Konfrontation und nicht auf Weglaufen, z. B. vor einem riesigen Dinosaurier. Sie tritt in Kontakt mit ihren Ängsten und sie werden „zahm".

Zwischendurch kehrt sie immer wieder zur Auseinandersetzung mit dem Wasser zurück. Im anschließenden Bild schwimmt Tina fröhlich mit all ihren Begleit-Tieren und zeigt keine Spur von Angst mehr.

Dann kommt der entscheidende Durchbruch: Tinas Lehrerin teilt mit, dass Tina den Bann durchbrochen hat und mit den anderen ins Wasser geht, noch ohne zu schwimmen, aber dass sie mit Wasser immer vertrauter wird. Später nimmt sie an Kursen einer Privatlehrerin teil, die viel Erfahrung mit Angstkindern hat (Cramer-Bochow 2001. S. 24-25).

Nach Aussage ihrer Mutter sie ist „rotzfrech" geworden, sprüht vor Kreativität, erzählt, dass sie ein Kinderbuch malen und schreiben möchte. Sie malt freiwillig zu ihren Tagträumen Bilder und hat viel Freude daran.

Parallel zu den Stunden mit der Tochter laufen Beratungsgespräche mit Frau B. Die Erziehungsberaterin versucht das Ziel zu erreichen, die Mutter zu motivieren, Tina aus der symbiotischen Beziehung loszulassen, indem sie ihr die Folgen aufzeigt (Känguru). Sie versucht, die Energie auf die Bedürfnisse der Mutter selbst zu zentrieren, d.h. dass die Mutter, sobald sie mehr Zeit und Interesse für sich aufwendet, Tina mehr Freiheit hat, selbstständig zu werden. Die Mutter findet eine neue Arbeit, die ihr zusagt und mit der sie tagsüber ausgelastet ist, so dass sie ihre Energie mehr auf sich konzentriert. Sie fühlt sich dadurch wieder als Mensch integriert und nicht als sozialhilfebedürftige nutzlose Ausländerin. Die Mutter wird auch mit ihren eigenen Ängsten und Kümmernissen konfrontiert, die sie auf ihre sensible Tochter überträgt. Frau B. wählt eine Gruppe im Gesundheitspart, die ein Selbstsicherheits- und Anti-Angsttraining anbietet, auch wenn es ihr schwer fällt, dort hinzugehen. Die Erziehungsberaterin regt sie an, ihre Freizeit aktiver zu gestalten, um mehr mit anderen Menschen in Kontakt zu kommen. Frau B. findet an einer Kirchengruppe in ihrer Gemeinde Halt und Ansprache (Cramer-Bochow 2001. S. 25-26).

Frau B. tut es gut, dass sie für sich sorgt, meint jedoch, Tina könne darunter leiden. Die Erziehungsberaterin versucht sie zur Ruhe bringen und wiederholt, dass Tina und sie zwei Menschen sind, Tina möchte „auf eigenen Beinen" stehen und so weiter. Um Schuldgefühle zu vermeiden, erzählt sie Frau B. ein iranisches „Therapiegleichnis" von Peseschkian (1991), das seine Wirkung nicht verfehlt. Langsam bereitet die Erziehungsberaterin Tina auf die Trennung von ihr vor und gibt ihr die letzten Stunden mit immer größeren Intervallen. Doch dann kommt ein unerwarteter Rückschlag. Tina hat wieder Schlafprobleme, schreit nachts auf, ist unruhig. Im Tagtraum sieht sie einmal den Schatten - den eigenen Vater, der sie holen möchte...Tina entscheidet im Tagtraum aufzustehen und das Licht anzumachen. Sie steht auf und sieht, dass ihre Kuscheltiere auf dem Schrank den Schatten verursacht haben.

Tina äußert sehr energisch den Wunsch, ihren Vater kennen zu lernen. Das Bedürfnis absorbiert ihre neu gewonnene Energie. Frau B. weiß nur seine Adresse und kennt seine negative Haltung. Tina ergreift die Initiative, schreibt einen liebevoll bemalten Brief, schickt ein Foto von sich und eine Zeugniskopie, in der sie Klassenbeste geworden ist. Dies zeigt, dass die vorher blockierenden emotionalen Blockaden durch ihre Ängste ihr kreatives Intelligenzpotenzial frei gelegt haben. Sie versucht alles Mögliche, aber vergeblich. Vom Jugendamt kommt ein kurzer Brief. Herr B. lässt darin mitteilen, dass er keinerlei Kontakt mit seiner Vergangenheit haben möchte, da er jetzt eine neue Familie gegründet habe, und deren Frieden nicht gestört sehen will. Mutter und Tina sind am Boden zerstört. Frau B. „wusste es", Tina ist zutiefst enttäuscht und es braucht noch eine Reihe von Therapiestunden, um sie darüber hinwegzutrösten und ihr Gleichgewicht wiederherzustellen (Cramer-Bochow 2001. S. 27-28).

2.3. Ein positives Feedback

Tina hat inzwischen nicht nur ihre Symptome verloren, sondern auch die Grundlagen der Angstbewältigung gelernt. Sie hat ein stabiles Selbstvertrauen gewonnen, sie ist Klassenbeste geworden und möchte ins Gymnasium, hat nette Freundschaften, kann eigene Gefühle äußern, ist nicht mehr das Spiegelbild ihrer Mutter. Ihre Kreativität drückt sie im Malen und Schreiben aus.

Auch Frau B. hat große Fortschritte gemacht in der Beziehung zu Tina. Ihr ist es auch gelungen, besser zu sich zu finden und eine eigenständige Persönlichkeit zu werden, sowie ihr Selbstbewusstsein aufzubauen. Sie liebäugelt mit einem Freund aus der Kirchengruppe, den auch Tina sehr mag.

Die „letzte Stunde" fällt allen schwer, denn der gemeinsame Weg mit Tina und Frau B. hat (ihnen) sie einander doch sehr nahe gebracht. Tina stürmt der Erziehungsberaterin (Frau C.) fröhlich entgegen mit einem Papier in der Hand. „Frau C., Ich hab´ den Freischwimmer geschafft." Frau C. schließt sie in die Arme, Frau B. hat Genehmigung vom Sozialamt für die neue Wohnung, in der Tina auch ihren eigenen Raum bekommt. Nach einem halben Jahr sehen sie sich zu einem gemeinsamen Gespräch wieder.

Zum Ende dieser Geschichte sagt die Erziehungsberaterin etwas sehr Wichtiges: Was wie ein Märchen klingt, ist Realität geworden. Natürlich ist klar, dass so geglückte „Fälle" nicht alltäglich sind, aber sie beleben und geben Mut und Kraft für die Schwierigkeiten des

Alltags und im Beruf. „Dieser Bericht soll auch Mut geben für die vielen Eltern und Kinder, die sich mit ähnlichen Problemen auseinander setzen müssen" (Cramer-Bochow 2001. S. 28-29).

Ein positives Feedback von Tina und ihrer Mutter wurde der Erziehungsberaterin nach einem halben Jahr zuteil. Tina hat ihre Ängste im Griff, ebenso Frau B. Prophylaxe im emotionalen Bereich, zum Beispiel die der Angstbewältigung, ist sehr wichtig. In Deutschland leiden nach Angaben der WHO 15 Prozent der Erwachsenen an Angstkrankheiten. So ist Tina ein Beispiel für viele andere Kinder, die ähnliche Probleme haben und denen geholfen werden kann(ebenda).

Abschließend: Wie die Erziehungsberaterin selber meint, hat sie die oben angesprochenen Kriterien zu QM erfüllt, was ihr auch das subjektive Feedback von Frau B. und Tina bestätigte, sowie das objektive Feedback, das sich aus den Fakten ergibt. Sie ist überzeugt, in diesem Fall zukunftorientiert gearbeitet zu haben, da Tina gelernt hat, mit ihren Ängsten eigenverantwortlich umzugehen, sich bis zu einem gewissen Grad selbst zu helfen und im Notfall weiß, wo sie Hilfe findet. Auch bei der Mutter sind die „kundenfreundlichen" Angebote angekommen und angenommen.

3. Zusammenfassung

Die vorliegende Arbeit ist ein Versuch, die Funktion der Psychotherapeutischen Arbeit in der Erziehungsberatung zu erläutern. Die Fallgeschichte zeigt gut nachvollziehbar, wie zentrale Forderungen des Leitbildes einer Beratungsstelle eingelöst werden, was für eine große positive Auswirkung die Kindertherapie auf die Heilung und gesamte Entwicklung eines angstgehemmten Mädchens haben kann.

Wie in der Arbeit angedeutet, ist die Erziehungsberatung eine ganzheitlich angelegte Hilfe. Der Einsatz kindertherapeutischer Methoden in der Erziehungsberatung ist immer kombiniert mit der beraterischen Unterstützung der Erziehungskompetenz der Eltern.

Zum Schluss lässt sich feststellen, dass Therapie in der Erziehungsberatung in ihrer komplexen Einbindung und konkreten Zielorientierung dem Auftrag der Jugendhilfe entspricht. Deshalb muss auch künftig sichergestellt werden, dass in der Erziehungs- und Familienberatung die notwendigen therapeutischen Qualifikationen zur Verfügung stehen.

4. Literaturverzeichnis

Cramer-Bochow, Gerda: Tina schwimmt sich frei. Therapeutische Angstbewältigung. In: Menne, K./Hundsalz, A. (Hg.): Jahrbuch für Erziehungsberatung Bd. 4. Weinheim [u.a.]: Juventa. 2001.13-30.

Balint, Michael: Angstlust und Regression: Beitrag zur psychologischen Typenlehre Klett-Cotta Verlag, 2013.

Klußmann, Rudolf: Psychosomatische Medizin: ein Kompendium für alle medizinischen Teilbereiche/Rudolf Klußmann. - 5., korrigierte und aktualisierte Aufl. - Berlin; Heidelberg [u. a.]: Springer, 2002.

Peseschkian, Nossrat: Psychosomatik und positive Psychotherapie. Transkultureller und interdisziplinärer Ansatz am Beispiel von 40 Krankheitsbildern, Unter Mitarbeit von Hans Deidenbach, Springen Verlag   Berlin; Heidelberg [u.a.] 1991.

Rachman, Stanley/Bergold, Jarg B. Verhaltenstherapie bei Phobien München-Berlin-Wien 1976.

Weinberger, Sabine: Kindern spielend helfen: Einführung in die personzentrierte Spielpsychotherapie Weinheim; Basel. 6., überarb. u. erg. Aufl. 2015.

Weblinks:

http://www.gesundheit.de/lexika/medizin-lexikon/lymphatische-reaktion

http://de.wikipedia.org/wiki/Angstlust